LA RENOMMÉE.

BIOGRAPHIE GÉNÉRALE.

NOTICE
SUR LA VIE ET LES TRAVAUX DE

M. LE MARQUIS DE LOUVOIS,

PAIR DE FRANCE.

ABONNEMENT :
Pour Paris, 20 fr. pour un an. — 12 fr. pour six mois.
Départements, 24 fr. pour un an. — 14 fr. pour six mois.

PARIS.
Aux Bureaux de LA RENOMMÉE,
RUE NOTRE-DAME-DES-VICTOIRES, 14,
Et à tous les Dépôts de Publications.

JUIN 1842.

Imp. de A.-T. BRETON et Cie, r. Montmartre, 131.

M. DE LOUVOIS.

Louvois (Auguste-Michel-Félicité Le Tellier de Souvré, marquis de) est né le 3 décembre 1783.

Sa famille paternelle, maison Le Tellier, originaire de Normandie, possédait plusieurs terres dans cette province, dès l'année 1367. Elle avait primitivement formé deux branches : l'aînée, dite des seigneurs de Marnou, qui suivirent la carrière des armes, s'est éteinte depuis peu d'années; la seconde, dont M. le marquis de Louvois est aujourd'hui le seul représentant, a donné au royaume un chancelier et garde-des-

sceaux de France, un premier ministre de Louis XIV, des chevaliers, des commandeurs et chanceliers des ordres du roi, un maréchal de France, ministre et secrétaire d'état, et plusieurs prélats, entre autres un archevêque duc de Reims, premier pair de France.

Non moins ancienne et non moins illustre, la famille maternelle du marquis de Barbesieux, fils du premier ministre et arrière-grand-oncle du marquis actuel, maison de Souvré, qui a pris son nom d'un fief situé sur les confins du Perche et du Maine, a produit un maréchal de France, deux premiers gentilshommes de la chambre du roi, un grand-prieur de France et un évêque d'Auxerre. Ses biens, qui étaient considérables, passèrent dans la maison de Louvois vers le milieu du XVIIe siècle, par le mariage d'Anne de Souvré, fille et héritière de Charles de Souvré, marquis de Courtenvaux, premier gentilhomme de la chambre du roi, et de Marguerite Barnetin de Villeneuve, avec le marquis de Louvois, l'habile et courageux premier ministre, qui rendit son administration si célèbre par l'ordre et la discipline qu'il établit dans nos armées, par les ordonnances qu'il fit rendre et qui ont servi de base à toutes celles qu'on a rendues depuis, par la construction de l'hôtel des Invalides, des palais de Versailles, de Trianon, de Marly, des aqueducs de Maintenon et de la place Vendôme; et au génie actif, inflexible duquel Louis XIV dut en grande partie, dans ses guerres contre l'Europe, les triomphes qui ont tant illustré son règne et reculé les limites de son royaume.

La maison Le Tellier de Louvois porte : écartelé, aux 1 et 4 d'azur ; à trois lézards rangés d'argent ; au chef cousu de gueules, chargé de trois étoiles d'or. Supports : deux loups. Couronne de marquis. Cimier. Une branche de chêne rompue. Devise : *Melius frangi quam flecti*. L'écu environné du manteau de pair.

La maison de Souvré porte : aux 2 et 3 d'azur, à cinq cotices d'or.

Le célèbre ministre de Louis XIV, l'un des plus grands hommes d'état qu'ait eus la France, est le bisaïeul du marquis de Louvois auquel nous consacrons cette notice.

Son aïeul, deuxième fils du ministre, et auteur de la branche des marquis de Souvré et de Rébénac, et d'Anne de Souvré, marquise de Courtenvaux, Louis-Nicolas Le Tellier de Louvois, suivit avec une grande distinction la carrière des armes, et mourut d'apoplexie à Versailles, le 10 décembre 1725. Il avait été successivement aide-de-camp de Charles de Lorraine au siége de Bude, en 1686, mestre-de-camp de cavalerie en 1689, lieutenant-général au gouvernement de Navarre et de Béarn, maître de la garde-robe du roi et chevalier de ses ordres.

Son grand-père, François-Louis Le Tellier de Rébénac, marquis de Louvois, en Champagne, et de Souvré, au Maine, comte de Rébénac, en Béarn, lieutenant-général des armées du roi et chevalier de ses ordres, passa presque toute sa vie dans les camps, sous les ordres des maréchaux de Ségur, de Noailles et de Saxe, et acquit une grande réputation d'habileté et de bravoure dans sa carrière militaire, dont le fait le plus glorieux fut le combat de Nesles, où, à la tête des brigades de Normandie et de Crillon, il tailla en pièces six mille Anglais qui se rendaient à Gand.

Il mourut en 1767. Il avait succédé à son père dans les charges de lieutenant-général au gouvernement de Béarn et de Navarre, et de maître de la garde-robe du roi.

Son père, Louis-Sophie Le Tellier de Souvré, marquis de Louvois, avait été colonel du régiment Royal-Roussillon cavalerie, en 1761; lieutenant-général au gouvernement de Navarre et de Béarn en 1767, brigadier de cavalerie des armées du roi en 1780. Il mourut le 5 août 1785.

Agé de deux années seulement quand il perdit son père, le jeune marquis de Louvois, sur la famille duquel nous avons cru devoir nous étendre, en raison du rang qu'elle occupe dans notre histoire et de l'illustration qu'elle s'est acquise, fut élevé par les soins de sa mère, Jeanne-Marie-Henriette-Victoire de Bombelles, fille de Henri-François, comte de Bombelles, seigneur d'Orangis, de Lavau et autres lieux, commandeur de l'ordre royal et militaire de Saint-Louis, lieutenant-général des armées du roi, commandant pour sa majesté les ville et château de Bitche, etc.

Lorsque le soleil, qui, en 1789, s'était levé si radieux sur la France, aux acclamations du peuple, de la bourgeoisie et même d'une partie du clergé et de la noblesse, commença à se teindre en rouge, et qu'aux yeux de tous les hommes clairvoyants, habitués à déduire, avec l'inflexibilité de la logique, les faits futurs des faits présents, l'avenir apparut gros d'orages, de persécutions, de massacres, de crimes de tout genre; justement épouvantée pour son fils et pour elle, la marquise de Louvois, qui était courageusement demeurée en France jusqu'en 1791, songea à quitter une patrie dont le séjour allait cesser d'être sûr; car, non contents d'avoir, dans leur soif de destruction, fait table rase de tous les titres, de tous les priviléges, de toutes les distinctions sociales, si méritées et si glorieusement conquises qu'elles pussent être, les meneurs du parti populaire se préparaient à passer leur sanglant niveau sur toutes les têtes, et malheur alors à celles qui, suivant la noble devise de la maison de Louvois, aimant mieux, *frangi quàm flecti*, être brisées que se courber, auraient osé se tenir hautes et fières devant eux! Le château de Wardeck, sur le bord du lac de Constance, qu'habitait le marquis de Bombelles, son frère, fut le lieu d'exil qu'elle se choisit. Mais ce lieu lui parut trop rapproché de la France, et elle se retira à Ratisbonne avec son frère, alors que, pressée au dedans par la Vendée en armes, et au dehors par la coalition, la France de 1793 jetait pour défi à ses ennemis la tête de son malheureux roi, et, organisant sur une grande échelle le meurtre à l'intérieur en même temps qu'elle lançait quatorze armées aux frontières, donnait par son énergie l'autorité d'un fait à ce mot prophétique de Danton : « Que faut-il pour réussir en révolution? de l'audace, encore de l'audace, toujours de l'audace! » Mais trop violente était cette tempête pour qu'elle pût durer. Une pierre d'achoppement se rencontra sous les pieds de la terreur, et la terreur fut renversée pour ne plus se relever. La Convention se divisa pour la seconde fois en deux camps, ceux qui étaient fatigués de tuer, et ceux qui voulaient tuer encore. On sait auquel des deux partis demeura la victoire. Un cri s'éleva : Plus d'échafauds! et la hache légale, émoussée, ébrêchée à force d'avoir servi, cessa tout à coup de battre monnaie sur nos places publiques pour le compte de l'ambition de ce Cromwell manqué qui s'appelait Robespierre. Des jours plus heureux, plus calmes, luirent pour la France : le 9 thermidor avait fait justice de ses bourreaux.

M. le marquis de Louvois, qui, dès l'âge de dix ans avait été porté sur la liste des émigrés, profita de la réaction qui s'opéra alors en faveur des *victimes* pour solliciter sa radiation de cette fatale liste. De retour en France, en 1794, son premier soin fut de faire lever le séquestre qui était sur ses biens. Trop jeune encore pour pouvoir de longtemps prendre une part quelconque aux affaires du pays, d'où son nom d'ailleurs l'aurait tenu éloigné, il traversa, dans une de ses terres, les saturnales du Directoire, ce gouvernement si corrompu et si corrupteur, si impuissant contre le mal comme pour le bien, qui, par un contraste remarquable, mais facile à expliquer, succédait à la Convention, ce sanglant despotisme à sept cents têtes, la machine gouvernementale la plus énergique, la plus terrible qui ait jamais fonctionné chez aucun peuple. Quoique toutes ses sympathies de jeune homme fussent acquises au nouveau César, qui, substituant, avec l'autorité du génie et l'audace d'un soldat de fortune, sa volonté à toutes les volontés en lutte autour de lui, avait mis tout à coup l'espérance là où était l'inquiétude, l'ordre là où était l'anarchie, la force là où était la faiblesse, la victoire là où était la défaite; l'avènement au consulat, cette glorieuse préface de l'empire, du jeune conquérant de l'Italie et de l'Egypte, ne put le décider à essayer de sortir de l'honorable retraite où il avait renfermé ses jours depuis sa rentrée en France. Si, en 1809, quatre ans après son mariage (8 août 1804) avec Athénaïse-Euphrosie-Louise-Philippine Grimaldi de Monaco, fille du prince Joseph de Monaco et de dame Choiseul de Stainville, nous le voyons en possession d'un emploi dans l'armée, ce ne fut nullement à ses sollicitations qu'il dut d'en être revêtu. Oubliant son origine révolutionnaire, Napoléon, qui était arrivé alors au faîte de sa puissance, et dont l'ambition, comme celle de Louis XIV, rêvait la monarchie universelle, but qu'il était plus près d'atteindre que ne l'avait jamais été le grand roi, avait créé autour de son trône une glorieuse aristocratie de soldats parvenus, nés de leurs œuvres et sortis de ses mains, barons, comtes, ducs, princes, rois même : certes, la valeur des titres de cette aristocratie, nul ne la pouvait contester, car ils étaient écrits avec l'épée sur tous les champs de bataille de l'Europe; mais, aux yeux de cet empereur d'hier, soldat de la veille, cette aristocratie, qui était son ouvrage, avait le tort grave d'être plus jeune que lui. Aussi l'un de ses rêves les plus ardents, l'une des ambitions les moins cachées de sa politique était d'attirer à sa cour ou d'enrégimenter sous ses drapeaux les grands noms dont s'honore depuis des siècles l'histoire de notre monarchie, si riche en illustrations de tout genre. Unir aux pieds de son trône ces deux noblesses, par un lien commun de dévoûment et d'admiration, c'était pour lui donner à son autorité, en même temps que la consécration du temps présent, la consécration des siècles passés, pour date à l'élévation de sa dynastie, Marengo en même temps que Bouvines. A ces titres, le nom de Louvois, deux fois si glorieusent porté, sous le règne du grand roi, par le père et le fils, ne pouvait manquer d'attirer ses regards. Un brevet de sous-lieutenant de cuirassiers fut donc, en 1809, expédié d'office à l'unique rejeton de ce nom illustre. C'était bien peu pour un nom pareil, à une époque où, peuple par la naissance, tant d'hommes étaient à trente ans colonels et généraux par leur épée; mais, dans les intentions du maître, un avancement rapide était réservé sans doute au marquis de Louvois, si la nature, plus forte que tous les calculs, n'en avait autrement décidé. Dans ce temps de guerres acharnées et incessantes, c'était une rude profession que celle de soldat, et, pour satisfaire à toutes ses exigences, le dévoûment et le courage ne suffisaient pas, il fallait avant tout la santé. Délicate, affaiblie par plusieurs maladies, la santé de M. de Louvois ne put longtemps se prêter aux fatigues de la carrière des armes; mais l'empereur, qui tenait à l'attacher à sa personne, s'empressa de troquer son épaulette, en lui conservant son grade, contre l'habit brodé de chambellan. En 1814, quand l'étoile de l'empire tomba du ciel, qu'elle avait pendant dix ans rempli de sa splendeur sans égale, et qu'en présence de la France plus fatiguée encore qu'épuisée par vingt années de lutte contre l'Europe, Paris fut contraint d'ouvrir ses portes à l'invasion, M. le marquis de Louvois, non sans avoir, comme citoyen, donné des larmes à nos désastres, salua avec espérance, avec bonheur la rentrée des Bourbons au palais de leurs pères. Nommé capitaine-adjoint de la garde-nationale, il fut peu après appelé par la confiance du roi à servir dans les gardes-du-corps, compagnie de Luxembourg, avec le grade de sous-lieutenant, grade équivalant à celui de lieutenant-colonel dans l'armée. Fidèle au nouveau serment prêté par lui, il se tint à l'écart pendant les cents jours. Après Waterloo, où l'empereur perdit sa dernière partie contre la coalition, il reprit son grade dans les gardes-du-corps, et il alla s'asseoir sur les bancs de la Chambre des Pairs, où sa place était marquée.

Lorsque éclatèrent, prompts comme la foudre, les événements de juillet 1830, cette sanglante émeute de trois jours qui devint une révolution, M. de Louvois se trouvait à son château d'Ancy-le-Franc, et ce fut dans cette demeure princière que madame la Dauphine reçut le dernier hommage dont cette infortunée princesse fut l'objet en France. Le 7 août, il était de retour à Paris. Il fut du nombre des pairs qui, ainsi que l'a si noblement exprimé depuis M. de Lamartine, pensèrent qu'on peut regretter le passé, mais qu'il ne faut pas perdre le jour à le pleurer inutilement, qu'il est toujours permis, toujours honorable de prendre sa part du malheur d'autrui, mais qu'il ne faut pas prendre gratuitement sa part d'une faute que l'on n'a point commise.... qu'enfin leur devoir était de rentrer dans les rangs des citoyens, de penser, de parler, d'agir, de combattre avec la famille des familles, avec le pays. Il adhéra donc loyalement, sans arrière-pensée, à l'ordre de choses nouveau établi par la révolution; et, religieux observateur d'une parole librement donnée, il s'est constamment montré depuis l'un des défenseurs les plus fidèles de la monarchie de juillet.

M. le marquis de Louvois a présidé presque sans interruption, chaque année, depuis 1825, jusqu'à ce moment, le conseil général du département de l'Yonne; et nous ne sachions rièn de plus honorable pour lui que cette confiance persévérante de ses concitoyens, car elle prouve, mieux que toutes les paroles, la haute estime qu'ils ont pour son caractère, et son dévoument sans borne à des intérêts dont il a plus que personne la parfaite intelligence.

De nos jours où la France, fatiguée de cinquante années de révolutions, de guerres, de dissensions intestines, aspire à se reposer, et tend de toutes ses forces à asseoir sur l'ordre et le calme au dedans, sur la paix au dehors, le libre développement de son industrie agricole, commerciale et manufacturière, M. le marquis de Louvois a bien mérité de tous par ses études, ses découvertes, ses travaux et les sacrifices considérables qu'il s'est imposés, avec un si rare et si louable désintéressement, en vue de créer au pays de nouvelles sources de prospérité. En 1821, il découvrit dans le département de l'Yonne des gîtes de minerai de fer non exploités jusque-là, et il construisit à ses frais de vastes établissements métallurgiques, ce qui le fit nommer membre du conseil général des manufactures. Il a été brèveté depuis pour plusieurs inventions curieuses. Des modèles de barrages mobiles et de chemins de fer à un seul rail, qu'il exposa en 1833, ont généralement fixé l'attention. Il y a trois ou quatre ans, un brevet a été pris par lui pour des bateaux en toile, se montant et se démontant, bateaux d'une grande utilité sur les rivières rapides et torrentuelles. Mais de toutes les questions industrielles à l'ordre du jour, la plus considérable, la plus importante, puisque sa prompte solution intéresse le pays tout entier, est celle qui a le plus spécialement été l'objet de ses travaux : nous voulons parler de la question des chemins de fer. A la mort du duc de Bassano, il succéda à cet habile administrateur, comme président du comité central qui fit faire les grandes études du tracé de Paris à Lyon par la Bourgogne.

Lors de la discussion générale à la Chambre des pairs, du projet de loi sur les chemins fer, voté par la Chambre des députés, M. le marquis de Louvois, dont la parole fait autorité sur cette matière, est monté à la tribune (séance du 30 mai), et dans un discours précis, lumineux, qui a constamment tenu en haleine l'attention de la noble assemblée, tout en votant pour cause d'urgence l'adoption pure et simple du projet, il a clairement démontré ce qu'il lui paraissait avoir d'incomplet et de vicieux.

La France, a-t-il dit dans ce discours que nous allons analyser sommairement, la France habituée à marcher en tête de la civilisation, ne saurait demeurer plus longtemps sur cette question vitale en arrière des autres puissances, sans déchoir du haut rang qu'elle occupe en Europe.

Par une comparaison entre les populations et les superficies relatives de l'Allemagne, de l'Autriche, de la Prusse réunies; de la grande Bretagne, de la Belgique, et la population et la superficie de la France, il a prouvé qu'eu égard au nombre de kilom. de railways que ces divers états possèdent, soit en activité, soit en construction, soit en projet, le chiffre de 3,440 kil. de railways demandés par le projet pour la France n'avait rien d'exagéré.

Il eût désiré qu'on ne s'occupât d'abord que d'une seule ligne, à la fois commerciale, stratégique et politique, traversant la France du nord au midi, et assurant des communications rapides entre les places de Lille, de Paris, de Dijon, d'Auxonne, de Besançon, de Belfort et de Strasbourg, en même temps qu'elle relierait ces places fortes avec Lyon et Marseille, parce qu'indépendamment des autres avantages que lui eût procurés l'exécution de cette ligne, le pays eût été ainsi promptement mis à même d'apprécier les résultats d'une opération en grand.

Il regretta que sur l'allocation totale de 160,000,000, et l'allocation annuelle de 41,000,000, demandées par le projet pour la ligne unique du nord au sud, le gouvernement n'ait cru pouvoir accorder, pour la première, que 80,000,000, et pour la seconde que 23,000,000 en 1842 et 1843.

M. le marquis de Louvois s'est demandé pourquoi les tronçons d'Orléans à Tours et à Vierzon, têtes des chemins de fer de l'ouest, du sud-ouest et du centre, étant gratifiés, le même système d'allocation n'a pas été suivi pour le chemin de Strasbourg; et puisqu'on a voté des fonds de Paris à Amiens pour le chemin de Belgique, d'Orléans à Tours pour celui de l'Océan et d'Espagne, d'Orléans à Vierzon pour celui du centre, dans le but de faire partir tous ces chemins de Paris, il pense qu'il eût été rationnel, en suivant la même marche, de s'occuper d'abord, pour ce qui regarde la ligne directe de Strasbourg, de la portion de cette ligne qui touche Paris, par exemple, du chemin de Creil à Compiègne ou de Paris à Meaux, et pour la ligne de Paris à la Méditerranée, du tronçon de Corbeil à Montereau.

Il ne faut pas, a-t-il dit, que les difficultés présumées du passage des Vosges retardent l'importante communication avec Châlons-sur-Marne, Nancy et Metz ; et il est à souhaiter que, dès l'année prochaine, on revienne, pour cette ligne, au système de rayonnement de Paris, tout en continuant les travaux commencés pour la fraction d'Hammarting.

Il est indispensable, avant tout, que les deux grandes artères proposées par le projet réunissent Lille à Marseille, Nantes et Vierzon à Strasbourg, en se croisant aux portes de la capitale.

Il ne faut pas perdre de vue que dans les 900 millions ou le milliard nécessaire pour l'établissement des

3,440 kil. de railways demandés, la portion afférente à l'État n'embrasse que les 3 1/5 de cette somme; et que cette dépense, si lourde encore, qui du reste sera couverte, on n'en saurait douter, par l'augmentation immédiate des revenus publics, résultant de l'activité beaucoup plus grande des relations commerciales, serait considérablement réduite, si l'on accordait à d'autres compagnies la garantie d'intérêt donnée à celle d'Orléans, qui, en définitive, n'aura rien coûté au trésor. M. Louvois ne doute pas qu'à ces conditions des compagnies ne soient prêtes à entreprendre les sections de Paris à Lille, de Corbeil à Montereau, de Dijon à Châlons, de Dijon à Mulhouse.

Le noble pair a exprimé, en terminant, le vœu, et ce vœu a été déjà entendu, qu'on créât une administration spéciale des chemins de fer, chargée de l'entretien, de la surveillance et de la police de cette voie de si prompte communication; et dans l'espérance que le Gouvernement continuera chaque année les allocations nécessaires pour réunir les tronçons votés et compléter le plus promptement possible la grande ligne, il n'a cru devoir proposer aucun amendement au projet, de crainte d'exposer à de nouveaux retards une loi si vivement réclamée par l'intérêt général.

M. le marquis de Louvois, qui a toujours beaucoup aimé les beaux-arts, et qui, pour se délasser de ses graves études sur l'industrie, les a quelquefois cultivés avec succès, comme le prouvent plusieurs compositions musicales, tableaux de genre et petites comédies et proverbes, marqués au coin d'un talent facile et gracieux, est un des membres les plus actifs et les plus éclairés de la commission des théâtres.

Nommé chevalier de la Légion-d'Honneur en 1824, officier en 1833, il est aujourd'hui commandeur de cet ordre.

Nous n'ajouterons plus qu'un mot avant de clore cette notice, mot qui résume toute notre pensée sur M. le marquis de Louvois, c'est qu'entouré de l'estime et de la considération générales, si justement acquises à la loyauté de son caractère, à son désintéressement, à ses lumières, à son profond amour du pays, dont la prospérité est sa seule ambition, il a toujours, comme homme privé et comme homme public, dignement et noblement porté un des beaux noms qui soient dans notre histoire.

A. D.

Paris. — Impr. d'A.-T. BRETON et comp., 131, rue Montmartre.

www.ingramcontent.com/pod-product-compliance
Ingram Content Group UK Ltd.
Pitfield, Milton Keynes, MK11 3LW, UK
UKHW022212190726
13855UKWH00004B/1717

9 782013 189347